Jan Weihmann

Verfahren und Kriterien bei der Auswahl von Büroso

GRIN - Verlag für akademische Texte

Der GRIN Verlag mit Sitz in München und Ravensburg hat sich seit der
Gründung im Jahr 1998 auf die Veröffentlichung akademischer Texte spezia-
lisiert.

Die Verlagswebseite www.grin.com ist für Studenten, Hochschullehrer und
andere Akademiker die ideale Plattform, ihre Fachtexte, Studienarbeiten,
Abschlussarbeiten oder Dissertationen einem breiten Publikum zu präsentieren.

Dokument Nr. V11644 aus dem GRIN Verlagsprogramm

Jan Weihmann

Verfahren und Kriterien bei der Auswahl von Bürosoftware

GRIN Verlag

Bibliografische Information Der Deutschen Bibliothek: Die Deutsche
Bibliothek verzeichnet diese Publikation in der Deutschen Nationalbibliografie;
detaillierte bibliografische Daten sind im Internet über http://dnb.ddb.de/
abrufbar.

1. Auflage 2002
Copyright © 2002 GRIN Verlag
http://www.grin.com/
Druck und Bindung: Books on Demand GmbH, Norderstedt Germany
ISBN 978-3-640-30078-5

Verfahren und Kriterien bei der Auswahl von Bürosoftware

von

Jan Weihmann

Verfahren und Kriterien bei der Auswahl von Bürosoftware

Hausarbeit

vorgelegt am 2002-12-18

an der
Berufsakademie Berlin
-Staatliche Studienakademie-

Bereich: Wirtschaft

Fachrichtung: Industrie

Studienjahrgang: WIN2000

Studienhalbjahr: 5. Semester

von: Jan Weihmann

Inhaltsverzeichnis:

1. Einleitung

In der heutigen Zeit verfügen viele Unternehmen über ein Bürosoftwarepaket, um dem
ständig zunehmenden Wettbewerbsdruck zu entgehen. Textverarbeitung, Tabellenkalkulation
und Präsentation sind typische Komponenten der Bürosoftware, die zur Unterstützung
von verschiedenen Bürotätigkeiten eingesetzt werden. Mit Hilfe dieser Anwendungen ist
der Benutzer in der Lage, benötigte Daten zu erfassen, zu formatieren, zu speichern und
auszutauschen, so dass die Bearbeitung von Aufgaben schneller und flexibler erfolgt.
Darüber hinaus können sich Firmen einen deutlichen Vorteil gegenüber der Konkurrenz
verschaffen, indem durch den Einsatz der Bürosoftware betriebliche Abläufe und Prozesse
optimiert werden. Jedoch können 60 Prozent der Bürosoftwareanwender diese theoretischen
Vorteile nicht in die Praxis umsetzen, da sie es versäumt haben, sich vor der Auswahl gründlich
vorzubereiten.[1] Besonders im Hinblick auf die große Produktvielfalt, der Kurzlebigkeit der
Produkte und der steigenden Zahl neuer Bürosoftwareanbieter wird deutlich, dass eine genaue
Analyse der Benutzerbedürfnisse und der Anforderungen an die Bürosoftware erforderlich ist,
um den schwierigen Auswahlprozess erfolgreich abzuschließen.[2]

An dieser Auswahlproblematik setzt die Hausarbeit des Verfassers an. Sie soll eine beglei-
tende Hilfestellung bei der Beschaffung der aus Sicht des Anwenders wirtschaftlichsten
Bürosoftware geben. Im ersten Teil dieser Arbeit wird ein Überblick über wichtige Auswahlkriterien geschaffen. Dabei geht der Verfasser auf verschiedene Kriterienarten ein, damit sich
die Auswahlentscheidung nicht nur auf das reine Bürosoftwareprodukt beschränkt, sondern das
gesamte Entscheidungsumfeld bei der Investitionsentscheidung berücksichtigt wird. Bei der
Betrachtung der einzelnen Auswahlkriterien stellt der Verfasser grundsätzliche Aspekte vor,
um dem zukünftigen Benutzer eine Basis über mögliche Ansprüche an das Bürosoftwarepaket
zu präsentieren. Darüber hinaus werden in dieser Hausarbeit notwendige Anforderungen
hervorgehoben, so dass bereits im Vorfeld der Entscheidung eine Selektion in geeignete und
abzulehnende Bürosoftwarepakete realisierbar ist.

Im zweiten Teil der Arbeit beschreibt der Verfasser verschiedene Auswahlverfahren,
die zur Beurteilung der einzelnen Beschaffungsalternativen verwendet werden können.
Dazu werden im ersten Abschnitt Grundsatzentscheidungen vorgestellt, über die sich der
zukünftige Benutzer zu Beginn seiner Auswahl Gedanken machen muss, damit entsprechend
der jeweiligen Ausgangssituation alle möglichen Alternativen und Einflüsse in der Investitionsentscheidung berücksichtigt werden. Anschließend erweitert der Verfasser seine Ausführungen
um verschiedene Verfahren. Sie müssen zur Beurteilung der Wirtschaftlichkeit und der
Leistungsfähigkeit von Bürosoftwarealternativen herangezogen werden, so dass der
zukünftige Anwender den schwierigen Auswahlprozess durch eine gewissenhafte und
gründliche Vorbereitung erfolgreich bewältigen kann.

---

[1] Vgl. Grupp, Bruno (1991), o. S. - Einleitungskapitel.
[2] Vgl. Becker, Jörg (1992), S. 1 f.

2. Auswahlkriterien

2.1 Darstellung der betriebswirtschaftlichen Kriterien

Damit der Benutzer die Auswahl der Bürosoftware erfolgreich abschließen kann, ist es besonders wichtig, dass er den betriebswirtschaftlichen, aber auch den im nächsten Kapitel erklärten wirtschaftlichen Kriterien absolute Priorität zuordnet. Der Grund für diese Aussage besteht darin, dass beide Kriterienarten maßgeblich darüber entscheiden, ob die Investition in ein Bürosoftwarepaket gerechtfertigt und der Einsatz sinnvoll für das Unternehmen ist. Deshalb ist es vor dem Kauf der Software notwendig, eine gute Entscheidungsgrundlage zu schaffen, indem die Erwartungen und die Anforderungen an die Bürosoftware bekannt sind.[3] Zu diesem Zweck wird die Organisations-, die Benutzer- und die Aufgabenanalyse verwendet. .

Die Organisationsanalyse untersucht den Aufbau des Unternehmens. Dabei werden besonders die Aufgaben des jeweiligen Arbeitsplatzes sowie die zu verarbeitenden Informationen berücksichtigt. Mit Hilfe dieser Analyse ergeben sich notwendige Grund- und Unterstützungs- funktionen, über die das Softwarepaket verfügen muss. Im Rahmen der Benutzeranalyse werden erwartete Benutzereigenschaften hinterfragt, so dass als Resultat die Bürosoftware bezüglich der Bedienbarkeit den Ansprüchen des Anwenders gerecht wird. Ein weiterer Hintergrund dieser Analyse ist, dass der Benutzer im Endergebnis in der Bürosoftware eine Unterstützung bei der Abarbeitung von Aufgaben sieht. Abschließend erfolgt die Aufgaben- analyse, die zur Ermittlung der betrieblichen Tätigkeiten und Datenmengen genutzt wird. Durch die Ergebnisse aus der Aufgabenanalyse können Maßstäbe an die Bürosoftware gesetzt werden, damit zum einen die Bewältigung der Unternehmensaufgaben effektiv erfolgt, und zum anderen die Abarbeitung der Aufgaben im Sinne des Benutzer erleichtert wird.[4]

2.2 Darstellung der wirtschaftlichen Kriterien

2.2.1 Kosten

Der erste Aspekt, der im Zusammenhang mit den wirtschaftlichen Kriterien genauer betrachtet werden muss, sind die mit dem Kauf verbundenen Kosten. Diese Kosten lassen sich in Anschaffungskosten, Folgekosten und laufende Kosten unterteilen.[5] Die Anschaffungskosten sind einmalige Kosten, die für die Nutzung der Bürosoftware an den Hersteller gezahlt werden. Dabei hängt die Höhe der Kosten davon ab, ob der zukünftige Anwender das Softwarepaket kauft oder mietet. Die Folgekosten werden im Zusammenhang mit der Anschaffung verursacht. Zu diesen Kosten gehören die Schulungsausgaben, die zur Einarbeitung der Mitarbeiter in die Bürosoftware notwendig sind.

---

[3] Vgl. Becker, Jörg (1992), S. 70 ff.
[4] Vgl. Herczeg, Michael (1994), S. 36 ff.
[5] Vgl. Barfuss, Dietmar (1991), S. 75.

Weiterhin können abhängig vom Hersteller Installations- und Dokumentationskosten entstehen, die jedoch üblicherweise in den Anschaffungskosten enthalten sind. Die laufenden Kosten entstehen durch den täglichen Geschäftsbetrieb. Neben dem Versicherungsaufwand beinhaltet diese Kostenkategorie Aufwände für die Softwarepflege und Wartung. [6] Durch die technische Veralterung der Bürosoftware entstehen weitere laufende Kosten, und zwar die Abschreibungen. Im Gegensatz zu den bisher aufgeführten Aufwänden sind die Abschreibungen der Software nicht mit Auszahlungen verbunden.

Damit der Anwender einen Überblick über diese komplexe Kostenstruktur erhält, muss ihm der Softwareverkäufer eine genaue Aufstellung der einzelnen Kosten ausarbeiten, die gleichzeitig als eine mögliche Verhandlungsgrundlage zur Kostenreduzierung genutzt werden kann. [7]

2.2.2 Einsparungen

Das Ermitteln der Kosten ist wesentlich einfacher und präziser als die Vorhersage der schwer quantifizierbaren Einsparungen. Um die Bürosoftware trotzdem genau beurteilen zu können, ist es empfehlenswert, nicht berechenbare Einsparungen zu schätzen. Eine mögliche Kosten-reduzierung, die sich durch den Einsatz der Bürosoftware ergibt, ist der Wegfall von vorher benötigten Arbeitsmitteln wie zum Beispiel der Schreibmaschine. Außerdem werden durch eine korrekte Abstimmung der Software auf das Unternehmen betriebliche Abläufe im Unternehmen rationalisiert. Diese Rationalisierung macht sich zum Beispiel in der Beschleunigung des Datenaustauschs mit Lieferanten oder Kunden und in der schnelleren Bearbeitung von Auf-trägen bemerkbar, so dass eine weitere wesentliche Reduzierung der Kosten realisierbar ist. Darüber hinaus können durch den Bürosoftwareeinsatz die Kosten im Bereich des Personals gedrückt werden, da die benötigte Zeit zur Bewältigung der Arbeit drastisch verkürzt wird. Schließlich sind Einsparungen gegenüber der bisherigen Organisation erzielbar, indem Aufgaben nicht mehr von externen Personen oder Einrichtungen durchgeführt werden müssen, sondern jetzt intern mit Hilfe der Bürosoftware erledigt werden können. [8]

2.3.   Systemtechnische Kriterien
2.3.1   Benutzerfreundlichkeit
2.3.1.1 Bedienbarkeit

Als ein wichtiges Kriterium der Benutzerfreundlichkeit ist eine einfache und klare Bedienbarkeit, die sich in der Benutzerführung und Dialoggestaltung wiederspiegelt, heutzutage unabdingbar.

---

[6] Vgl. Becker, Jörg (1992), S. 318 ff.
[7] Vgl. Barfuss, Dietmar (1991), S. 75.
[8] Vgl. Becker, Jörg (1992), S. 37 ff.

Dadurch wird gewährleistet, dass dem Benutzer die Einarbeitung, Bedienung und Nutzung erleichtert wird.[9]

Um eine Minimierung der Gedächtnisleistung des Benutzers zu realisieren und die Zeit zur Einarbeitung drastisch zu verkürzen, sollte die Dialoggestaltung nicht nur grundsätzlich durch eine durchgängig einheitliche und übersichtliche Benutzeroberfläche, sondern im allgemeinen durch eine Erfüllung der folgenden sieben Gestaltungsgrundsätze geprägt sein.[10]

Der erste Gestaltungsgrundsatz verlangt die Aufgabenangemessenheit des Dialogs. Dadurch wird eine Unterstützung des Benutzers sichergestellt, ohne ihn dabei durch die Eigenarten des Dialogs zu belasten. Aus diesem Grund ist es nicht akzeptabel, wenn der Benutzer mit zu vielen Informationen auf einmal überflutet wird.

Ein weiteres Merkmal für einen aufgabenangemessenen Dialog liegt vor, wenn die Büro-software wichtige Hinweise durch Attribute hervorhebt. Deshalb ist es sinnvoll, wenn wichtige Textpassagen zur besseren Übersicht farbig oder blinkend dargestellt werden. Dabei ist darauf zu achten, dass bei der Darstellung von Texten und Farben, bestimmte Normen eingehalten werden. Demzufolge ist der Einsatz von Texten in DIN 66234 Teil 1 und der Einsatz von Farben in DIN 66234 Teil 5 geregelt. Aus diesen Normen kann zum Beispiel entnommen werden, dass die eingesetzten Zeichen verwechslungssicher sein müssen, und dass nur maximal fünf bedeutungstragende Farben verwendet werden sollten. Die Überprüfung der Aufgabenangemessenheit eines Dialogs kann auch anhand der Dateneingabe erfolgen. Es ist darauf zu achten, dass der Cursor immer deutlich sichtbar ist und per Pfeiltasten schnell an jeden Punkt des Bildschirms bewegt werden kann. Außerdem muss eine Eingabe und Korrektur der Daten, ohne Probleme in den deutlich gekennzeichneten Eingabefeldern durchführbar sein.[11]

Der zweite Gestaltungsgrundsatz verlangt die Beschreibungsfähigkeit eines Dialogs. Die Notwendigkeit dieses Kriteriums besteht darin, dass der Benutzer einfach und direkt an Funktionen und Befehle gelangen kann.[12] Ermöglicht wird diese einfache Handhabung durch den Einsatz von Grafiken, wie zum Beispiel den Icons oder den Sinnbildern. Durch diese Methode wird dem Benutzer eine sprachunabhängige Herangehensweise geboten, um in einem Softwaresystem navigieren zu können. Zudem kann durch den Einsatz von Grafiken eine deutliche Datenreduktion und eine höhere Informationsdichte erzielt werden. Neben dieser Möglichkeit tragen auch selektionsorientierte Interaktionsformen, wie zum Beispiel die Menütechnik zur Vereinfachung der Bedienbarkeit bei.

Die Menütechnik wird in Bürosoftwareprodukten am häufigsten eingesetzt, da sie zum einen schnell zu verstehen ist und zum anderen anwendungsgerechte Lösungen durch verschiedene Gestaltungsformen geschaffen werden können. Damit ist die Menütechnik auch eine optimale

[9] Vgl. Heinemann, Klaus (1987), S. 121 f.
[10] Vgl. Hampe-Neteler, Wolfgang (1994), S. 54.
[11] Vgl. Herczeg, Michael (1994), S. 72 ff.
[12] Vgl. Baaken, Thomas / Launen, Michael (1993), S. 130.

Lösung für den Gebrauch von Programmen, die eher selten oder durch unerfahrene Benutzer verwendet werden.

Die Steuerbarkeit des Dialogs ist der dritte Gestaltungsgrundsatz. Sie legt fest, ob der nächste Anwendungsschritt von dem Benutzer oder von dem System kontrolliert wird. Daher existiert eine Differenzierung in den systemgesteuerten, den benutzergesteuerten und den gemischten Dialog, bei dem die Dialogkontrolle zwischen System und Benutzer wechselt.[13]

In den meisten Bürosoftwareanwendungen wird eine gemischte Kontrolle eingesetzt, wobei bei einer guten Steuerbarkeit der Schwerpunkt auf dem benutzergesteuerten Dialog liegen muss. Dadurch ist der Benutzer durch direkte manipulative Steuerbarkeit in der Lage, Art und Umfang der Eingaben sowie Funktionen selbst zu bestimmen. Außerdem muss dem Benutzer die Möglichkeit gegeben werden, die Bearbeitungsreihenfolgen und die Geschwindigkeit des Dialogs selbstständig festzulegen, aber auch bestimmte Arbeitsgänge zurückzustellen und zu unterbrechen, ohne dabei die bisherigen Daten zu gefährden.[14]

Der vierte Gestaltungsgrundsatz lautet Erwartungskonformität, die genau dann vorliegt, wenn der Dialog und die Benutzeroberfläche den Erwartungen und Vorstellungen des Benutzers entsprechen. Die Erwartungen des Benutzers werden vorwiegend durch die Erfahrung und den Umgang mit verschiedenen Bürosoftwarepaketen im Alltag und durch Schulungen geprägt. Im Zusammenhang mit dem Aspekt der Erwartungskonformität muss der Begriff der inneren Konsistenz erwähnt werden. Eine innere Konsistenz der Bürosoftware wird erreicht, wenn die Benutzeroberfläche, die Steuerung und die Reaktion im gesamten Programm einheitlich aufgebaut ist. Dadurch kann eine einfache, für den Benutzer gebräuchliche, Handhabung der Bürosoftware gewährleistet werden.[15]

Der wichtigste Grundsatz für die Gestaltung von Benutzeroberflächen ist die Fehlertoleranz. Die Fehlertoleranz bestimmt, mit welcher Präzision eine Anwendung Fehler des Benutzers abfängt. Dabei darf das Programm nicht durch einen Bedienungs- oder Eingabefehler ins Betriebssystem oder in den Bluescreen abstürzen, so dass ein Verlassen der Anwendung ohne Datenverlust nicht mehr möglich ist. Im schlimmsten Fall kann ein Programmabsturz sogar zur Beschädigung oder Zerstörung des Bürosoftwarepakets führen. Auf der anderen Seite ist es nicht annehmbar, wenn die Bürosoftware einfach unzulässige Daten akzeptiert und zur Bearbeitung verwendet. Daher sollte sie Eingabefehler durch Überprüfung der Datenformate und der Plausibilität abfangen können, damit es dem Benutzer zum Beispiel nicht mehr möglich ist, Zahlen in ein Buchstabenfeld einzugeben. Sobald ein Eingabefehler vorliegt, muss dieser Vorfall dem Benutzer durch eine eindeutige und verständliche

---

[13] Vgl. Herczeg, Michael (1994), S. 79 ff.
[14] Vgl. Baaken, Thomas / Launen, Michael (1993), S. 130.
[15] Vgl. Herczeg, Michael (1994), S. 111 f.

Fehlermeldung erkenntlich gemacht werden, indem zum Beispiel zur Unterstützung Farben, blinkende Texte oder Tonsignale eingesetzt werden. Es hat sich auch als sinnvoll erwiesen, wenn das Programm eindeutig korrigierbare Fehler automatisch behebt. Diese automatische Fehlerbehebung muss abschaltbar sein.[16]

Die letzten beiden Anforderungen an die Benutzeroberfläche sind die Erlernbarkeit und die Individualisierbarkeit. Der Begriff der Erlernbarkeit steht dafür, dass dem Benutzer die Möglichkeit eingeräumt wird, die neuen Anwendungen schnell zu erlernen und zu beherrschen. Eine gute Benutzeroberfläche ist so gestaltet, dass der Aufwand von Schulung und der Einsatz von Benutzerhandbüchern sehr klein ausfallen. Die Individualisierbarkeit der Bürosoftware erlaubt dem Benutzer, das Programm auf seine persönlichen Fähigkeiten, Gegebenheiten und Wünsche auszurichten. Daher zeichnet sich ein optimales Programm dadurch aus, dass der Benutzer die Ein- und Ausgabe individuell an seine Benutzererfordernisse anpassen kann. Zudem kann durch Makros, die sequentiell Routineaufgaben abarbeiten, oder durch individuell eingerichtete Menüstrukturen die Bedienbarkeit des Softwareprodukts erleichtert und die Benutzerakzeptanz wesentlich erhöht.[17] Damit der Anwender nicht über die Bedienbarkeit eines Programms enttäuscht oder überrascht ist, sollte er von dem Usability Testing Gebrauch machen. Dieser Test dient zur Beurteilung der Interaktion zwischen Mensch und Anwendung, wobei auch auf eine optimale Benutzerunterstützung geachtet wird, die der Verfasser im nächsten Abschnitt betrachtet.[18]

2.3.1.2 Benutzerunterstützung

Die Integration eines guten Hilfesystems ist besonders im Hinblick auf die Akzeptanz der Bürosoftware absolut obligatorisch. Bei möglichen Schwierigkeiten im Programm muss es dem Anwender weiterhelfen, damit er seine Aufgaben ohne Datenverlust erfüllen kann. Das Hilfesystem muss so konzipiert sein, dass nicht nur allgemeine Informationen verfügbar sind, sondern dass für jeden Bildschirm, für jedes Bildschirmfeld und für jede Funktion ein eigener Hilfetext existiert.[19] Darüber hinaus sollte die Hilfe zu jedem Bearbeitungszeitpunkt abrufbar sein. Die Unterstützung des Benutzers muss in Form von textuellen Erklärungen, Beispielen, aufgabenbezogenen Schlagwortverzeichnissen und Verweisen auf das Benutzerhandbuch erfolgen. Wird diese Anforderung an die Benutzerunterstützung nicht erfüllt, dann ist das Bürosoftwarepaket abzulehnen.[20] Bei der Auswahl eines Softwareproduktes ist darauf zu achten, dass verschiedene Arten von Hilfesystemen angeboten werden.

Auf der einen Seite gibt es die passive Hilfe, bei der die Kontrolle über den Aufruf in der Hand des Benutzers liegt. Über eine spezielle Funktionstaste, in den meisten Fällen die Taste F1,

---

[16] Vgl. Hampe-Neteler, Wolfgang (1994), S. 19 ff.
[17] Vgl. Herczeg, Michael (1994), S. 105 f.
[18] Vgl. Thaller, Georg Erwin (2002), S. 144.
[19] Vgl. Herczeg, Michael (1994), S. 161 ff.
[20] Vgl. Hampe-Neteler, Wolfgang (1994), S. 33.

ist es dem Anwender möglich, diese Hilfe-Funktion in Anspruch zu nehmen. Auf der anderen Seite gibt es die aktive Hilfe, die sich automatisch bei bestimmten Benutzeraktivitäten, Ereignissen oder Situationen einschaltet. Um dieses Hilfesystem optimal einsetzen zu können, bedarf es viel Erfahrung und Vorkehrungen, damit die Hilfe-Funktion nicht bei vermeintlichen Fehlern und Problemen unmotiviert in das Arbeitsgeschehen eingreift.[21]

2.3.1.3 Funktionalität

In diesem Abschnitt sollen die wichtigsten Funktionen erläutert werden, die für einen optimale Nutzung der Bürosoftware erforderlich sind. Dabei wird die Funktionalität eines Programms als die Summe aller Resultate, die durch die Software produziert werden, verstanden.[22] Eine ständige Visualisierung der Objekte und Werkzeuge, physische Aktionen zum Beispiel mit der Maus sowie schnelle, inkrementelle oder reversible Aktionen wie die Undo-Funktion sind Merkmale einer guten und einfach zu erlernenden Grundfunktionalität. Diese drei Grund-konzepte dienen der direkten Manipulation der Anwendung durch den Benutzer, der durch die zusätzliche Kontrolle, von einem höheren Arbeitskomfort profitieren kann. Eine wichtige Funktion, die das Programm vorweisen sollte, ist die Unterbrechungsfunktion. Sie erlaubt es dem Benutzer, zu jeder Zeit die Anwendung ohne Datenverlust zu verlassen, so dass der Benutzer seine Arbeit an der Stelle fortsetzen kann, an der er das Programm verlassen hat. Das Ausdrucken des Bildschirminhaltes stellt ebenfalls eine wichtige Funktion dar, die genauso wünschenswert wie eine Sicherungsfunktion mit Rückversicherung beim Benutzer ist.[23] Weitere notwendige Funktionen, über die das Programm verfügen sollte, sind zum Beispiel das Löschen, das Kopieren und Verschieben sowie das Suchen und Ersetzen von beliebigen Stellen und Passagen in einer Anwendung. Bei einer guten Bürosoftware kann der Benutzer diese Funktionen durch Tastenkombinationen nutzen und muss sie nicht über die Menüein-träge aktivieren.[24] Zur Steigerung des Benutzerkomforts tragen auch die Again-, die Undo-und die Redo-Funktion bei. Durch die Again-Funktion werden gleiche oder ähnliche Aktionen verkürzt und beschleunigt, indem die Anwendung den Ablauf der Aktion speichert. Anschließend kann per Knopfdruck die Aktion beliebig oft ausgeführt werden. Eine Erweiterung der Again-Funktion ist das Makro, das auch als eine abgelegte Aktionsse-quenz bezeichnet wird, die unter einem frei wählbaren Symbol oder Namen abgespeichert ist.

Es kommt oft vor, dass der Benutzer Aktionen ausführt, die nicht gewollt oder falsch sind. In diesem Moment ist es wichtig, dass die Bürosoftware über eine Undo-Funktion verfügt, die den letzten Arbeitsschritt rückgängig macht und die Anwendung in den alten Zustand zurücksetzt.[25] Diese Funktion ist sehr wichtig, und wenn das Programm nicht mindestens über eine

---

[21] Vgl. Herczeg, Michael (1994), S. 164 ff.
[22] Vgl. Dumke, Reiner (2002), S. 76.
[23] Vgl. Herczeg, Michael (1994), S. 115 f.
[24] Vgl. Gisbert, Ralf / Mattes, Andreas (1987), S. 216.
[25] Vgl. Herczeg, Michael (1994), S. 187 ff.

Undo-Funktion verfügt, dann ist dieses Bürosoftwarepaket abzulehnen.[26]

Das Gegenstück zur Undo-Funktion ist die Redo-Funktion. Sie wird verwendet, um die Undo-Funktion rückgängig zu machen, falls es doch nicht notwendig ist, die Anwendung aufgrund einer unbeabsichtigten oder falschen Aktion in den alten Zustand zurückzusetzen.[27] Neben diesen wichtigen Funktionen, hat auch das Zeitverhalten der Anwendungen einen starken Einfluss auf die Benutzerfreundlichkeit. Deshalb wird dieses Auswahlkriterium im nächsten Kapitel genauer untersucht.

2.3.1.4 Zeitverhalten

Dieser Eigenschaft eines Softwareprodukts darf nicht zu wenig Beachtung geschenkt werden, da sie sich sehr schnell zu einem Problemfaktor entwickeln kann, wodurch eine erhebliche finanzielle Belastung für das Unternehmen entstehen kann.[28]

Bei der Auswahl der Bürosoftware sollte der Benutzer besonders auf die Antwort- und die Ausgabezeit achten. Die Antwortzeit beschreibt die vom System in Anspruch genommene Zeit zwischen der Eingabe des Benutzers und der Ausgabe der Anwendung.

Dagegen wird unter der Ausgabezeit die Zeit verstanden, die zwischen dem Beginn und dem Abschluss der Systemausgabe liegt.

Es gibt zwei Verhaltensweisen einer Anwendung, die aus Sicht des Benutzers nicht akzeptiert werden sollten. Zum einen können Verzögerungen in Form von langen Antwort- und Darstellungszeiten das Arbeitsgeschehen stark verlangsamen und damit die Effizienz der Bürosoftware reduzieren. Im schlimmsten Fall vergisst der Benutzer seine Arbeitsziele, die nicht länger im Kurzzeitgedächtnis behalten werden können. Er ist dadurch nicht mehr in der Lage, die Ergebnisse des Systems ganz oder teilweise mit seinen Arbeitszielen in Verbindung zu bringen. Zum anderen kann eine zu schnelle Systemreaktion den Benutzer stark unter Druck setzen und ihn zu einer hastigen Reaktion verleiten, die mit einer erhöhten Möglichkeit eines Eingabefehlers verbunden ist. Aus diesen Gründen sollte die Antwortzeit im allgemeinen zwischen zwei bis vier Sekunden, im Idealfall unter einer Sekunde liegen.[29]

Bei Abfragen, die häufig vorkommen und deren Daten schnell verfügbar sein müssen, wie zum Beispiel bei der Abfrage des Lagerbestandes, sollten drei Sekunden nicht überschritten werden. Anwendungen, die nicht häufig im Unternehmen durchgeführt werden, wie zum Beispiel die Erfolgsberechnung, dürfen etwas mehr Zeit in Anspruch nehmen. Dieser Aspekt muss aber mit dem Benutzer individuell abgestimmt werden.[30]

Die Ausgabezeit eines Systems wird in Zeichen pro Sekunde angegeben. Wenn der Benutzer den Text während der Ausgabe bequem mitlesen kann, dann liegt eine niedrige Ausgaberate von ca. 30 Zeichen pro Sekunde vor. Durch eine hohe Ausgaberate von einigen 1000 Zeichen

---

[26] Vgl. Hampe-Neteler, Wolfgang (1994), S. 31.
[27] Vgl. Herczeg, Michael (1994), S. 196.
[28] Vgl. Grupp, Bruno (1991), S. 68.
[29] Vgl. Herczeg, Michael (1994), S. 197 ff.
[30] Vgl. Grupp, Bruno (1991), S. 68.

pro Sekunde ist es möglich, den Text ohne eine für den Benutzer realisierbare Verzögerung, auf dem Bildschirm erscheinen zu lassen. Verschiedene Experimente ergaben, dass Texte mit 30 Zeichen pro Sekunde oder ohne Verzögerung dargestellt werden sollten. Diese Ausgaberaten sind gut für ein Bürosoftwarepaket geeignet, da der Benutzer die Informationen auf dem Bildschirm sofort und korrekt erfassen kann.[31]

2.3.2 Flexibilität
2.3.2.1 Maintainability

Ein weiteres Auswahlkriterium ist die Anpassungsfähigkeit der Bürosoftware an betriebliche Gegebenheiten, Zielsetzungen und Benutzerwünschen. Diese Eigenschaft eines Programms wird als Maintainability bezeichnet, die durch drei Teileigenschaften geprägt ist. Die erste Teileigenschaft wird als Eignungsbreite benannt und legt fest, dass ein Softwareprodukt verschiedene Aufgabenstellungen erfüllen muss, ohne dass eine Funktion oder Teilfunktion des Softwareprodukts verändert wird.

Die Erweiterbarkeit ist die zweite Teileigenschaft. Diese Eigenschaft steht dafür, dass der Benutzer Funktionen hinzufügen können muss, um Anwendungen an spezielle Aufgabenstelllungen anzupassen.

Die letzte Teileigenschaft ist die Austauschbarkeit. Durch diese Eigenschaft kann ein Bürosoftwarepaket durch das Entfernen oder Ersetzen von Funktionen an besondere Aufgaben angepasst werden. Diese Änderungen an Programmen muss der Benutzer schnell und einfach vornehmen können, ohne dass durch einen Fehler eine versehentliche Änderung des Softwareprodukts erfolgen kann.

Die ausgewählte Bürosoftware sollte über diese drei Teileigenschaften verfügen, denn dann weist das Bürosoftwarepaket einen hohen Grad an Anpassungsfähigkeit auf, das den individuellen Wünschen des Benutzers in jedem Fall gerecht wird.[32]
Achtet der Benutzer bei der Auswahl nicht auf diese Teileigenschaften, dann entstehen schon bei kleineren Änderungen des Programms, zum Beispiel beim Ändern der Eingabemaske, Konflikte, die den Benutzer viel Geld kosten können.[33]

---

[31] Vgl. Herczeg, Michael (1994), S. 201 f.
[32] Vgl. Baaken, Thomas / Launen, Michael (1993), S. 23 f.
[33] Vgl. Barfuss, Dietmar (1991), S. 50.

9

2.3.2.2 Portabilität

Die Portabilität ist das zweite Merkmal einer flexiblen Software. Unter diesem Begriff wird die Einsetzbarkeit des Programms auf verschiedenen Hardwareumgebungen oder unterschiedlichen Betriebssystemen verstanden. Bevor die Bürosoftware ausgewählt wird, sollte der Benutzer folgenden Aspekten genauer nachgehen, um Verträglichkeitsprobleme zu vermeiden.[34] Vorab ist es wichtig zu klären, auf welchen Hardwaretypen die Software läuft und wie viel Hauptspeicher die Anwendung und die zu bearbeitenden Daten benötigen. Dadurch werden die folgenden drei Fakten sichergestellt.

Erstens, dass sogar bei einer hohen Belastung der Hardware, ein normales Arbeiten noch möglich ist, ohne dass die Bürosoftware abstürzt oder der Benutzer unter einem nicht zu akzeptierenden Antwortzeitverhalten leidet.

Zweitens wird auf diesem Weg gewährleistet, dass die Hardware, die nach der Auswahl der Bürosoftware erworben wird, den Hardwareanforderungskriterien entspricht und zum Ausführen der Software benutzt werden kann.

Und drittens, dass die Software in der Lage ist, die größere Leistungsfähigkeit der neuen Hardware zu nutzen, um im Endeffekt ein schnelleres und effizienteres Arbeiten zu ermöglichen. Ein weiterer Punkt, der geklärt werden muss, sind die Anforderungen der Software an die Peripherie. Unter diesem Aspekt wird überprüft, ob zum Beispiel der Einsatz der Software mit bestimmten Druckern oder Bildschirmen möglich ist. Diese Frage ist notwendig, da am Markt über tausend verschiedene Druckermodelle und Bildschirme existieren, so dass die Möglichkeit besteht, dass ohne vorherige Abklärung, die Ausgabe der Daten nicht in der gewünschten Qualität oder überhaupt nicht erfolgt.[35]

Darüber hinaus ist ein Softwarepaket abzulehnen, wenn als Eingabegeräte keine alphanumerische Tastatur und ein Zeigegerät unterstützt werden. Der Grund für die Ablehnung der Software ist darin begründet, dass ohne diese Geräte alternative Bewegungs-, Steuerungs- und Auswahlmechanismen nicht möglich sind und somit die Benutzerfreundlichkeit und die Funktionalität sehr stark reduziert werden.[36]

Die letzte Problematik, die abgeklärt werden muss, ist die Verwendungsmöglichkeit der Bürosoftware bezüglich des Betriebssystems und anderer Softwareanwendungen.

Der Benutzer sollte darauf achten, dass die ausgewählte Software auf einem gängigen und zukunftssicheren Betriebssystem stabil läuft. Zudem ist es wichtig nachzufragen, ob ein Datenaustausch zwischen der Bürosoftware und anderen Softwareanwendungen möglich ist. Diese Eigenschaft ist ein Merkmal der Portabilität und wird als Schnittstellenkompatibilität bezeichnet.[37] Die Klärung dieser Problematik ist sehr wichtig, denn durch die Vielfalt der Softwareprodukte am Markt und der schnell wandelnden Technik, ist es nie möglich, dass eine Bürosoftware mit sämtlichen Softwareanwendungen kompatibel ist. Trotzdem ist es notwendig, dass sie zumindest die Eigenschaft der Aufwärtskompatibilität vorweisen kann.

---

[34] Vgl. Baaken, Thomas / Launen, Michael (1993), S. 24.
[35] Vgl. Thaller, Georg Erwin (2002), S. 135 ff.
[36] Vgl. Hampe-Neteler, Wolfgang (1994), S. 18.
[37] Vgl. Baaken, Thomas / Launen, Michael (1993), S. 24.

Ein Bürosoftwarepaket ist aufwärtskompatibel, wenn es dem folgenden Anspruch gerecht wird. Die Daten der Bürosoftware müssen mit anderen Applikationen der gleichen Art austauschbar sein, die marktführend und nicht älter als drei Jahre sind. Denn heutzutage ist es nicht mehr akzeptabel, wenn zum Übertragen von Daten aus einem in ein anderes Dokument, Übertragungsprogramme benötigt werden. Nachdem der Benutzer diese Aspekte geklärt hat, sollte die Software normalerweise in die vorhandene Konfiguration passen, ohne dass größere Änderungen notwendig sind. Ist unter Umständen eine Anpassung der Konfiguration erforderlich, dann muss diese relativ leicht und schnell durchführbar sein, damit auch unerfahrene Benutzer die Änderung vornehmen können.[38]

2.3.3 Verlässlichkeit

Bei einer Auswahlentscheidung sollte der Benutzer nicht nur Wert auf die Anwendungen legen, sondern auch verstärkt auf den Aspekt, mit welcher Zuverlässigkeit Aufgaben durch die Bürosoftware erfüllt werden. Oft wird auch für die Zuverlässigkeit einer Software der Begriff Verfügbarkeit verwendet, obwohl diese beiden Ausdrücke nicht immer die gleiche Bedeutung haben.[39]

Das Wort Zuverlässigkeit ist ein Gesamtbegriff, der die Eigenschaften der Software bezüglich Verfügbarkeit, Funktionsfähigkeit und Instandhaltbarkeit und Instandhaltungsbereitschaft beschreibt. Im Zusammenhang mit dieser Erklärung wird in der Literatur häufig der englische Fachbegriff Dependability benutzt. Es ist aber auch möglich, die Zuverlässigkeit einer Software im engeren Sinne zu erfassen, die unter dem englischen Wort Reliability bekannt ist. Im Gegensatz zur Dependability stimmt sie in der Bedeutung mit dem Begriff Verfügbarkeit überein.[40] Es gibt zwei verschiedene Ansatzpunkte, die Verfügbarkeit einer Software zu definieren, und zwar der qualitative oder der quantitative Ansatz. Befindet sich die Software in einem Zustand, der zur Erfüllung von Aufgaben unter bestimmten Bedingungen genutzt werden kann, dann erfüllt ein Programm das Kriterium der Verfügbarkeit aus qualitativer Sichtweise. Wird die quantitative Sichtweise zur Erklärung der Verfügbarkeit verwendet, dann wird die Wahrscheinlichkeit, dass die Bürosoftware sich zu einem beliebigen Zeitpunkt in einem funktionsfähigen Zustand befindet, beurteilt. Aufgrund dieser Definition, ist es dem Benutzer möglich, mit Hilfe von stochastischen Techniken Zuverlässigkeitsprognosen zu erstellen, aus denen er sogar Rückschlüsse auf die Fehlerwahrscheinlichkeit der Bürosoftware ziehen kann.[41]

Trotz aller mathematischen Berechnungen, gibt es immer Fehler in Programmen, die sich nicht erfassen lassen und die beim Testen des Produkts nicht sichtbar sind. Nur Benutzer mit viel

---

[38] Vgl. Thaller, Georg Erwin (2002), S. 139 ff.
[39] Vgl. Heinemann, Klaus (1987), S. 122.
[40] Vgl. Liggesmeyer, Peter (2002), S. 9.
[41] Vgl. Ehrenberger, Wolfgang (2002), S. 13 ff.

Erfahrung sind in der Lage, die Schwächen ihrer Software wirklich zu kennen. Deshalb ist es vor der Auswahl wichtig nachzuforschen, ob Informationen oder Referenzen existieren, die Auskunft über die Korrektheit und Fehlerfreiheit der Software geben können, denen der Benutzer aber nur unter Vorbehalt vertrauen sollte.[42] Denn ein Programm kann sich sogar unter Grenzbelastung als äußerst robust erwiesen haben, stürzt aber beispielsweise durch einen Bedienungsfehler ab, da die Anwendung nicht in der Lage ist, diesen Fehler abzufangen.

Aufgrund dieser Probleme muss die Bürosoftware über eine gute Restartfähigkeit verfügen. Als Restartfähigkeit wird das Verhalten der Software beim Überführen in den Zustand vor dem Zusammenbruch beschrieben. Wenn der durch den Absturz entstandene Aufwand gering ist, dann handelt sich um ein Softwareprodukt mit guten Restarteigenschaften.

Eine Erhöhung der Restartfähigkeiten ist möglich, indem der Benutzer regelmäßig ein Backup seiner Software erstellt. Eine sinnvolle Alternative ist das automatische Abspeichern in temporären Dateien, die besonders bei Stromausfällen einen guten Schutz gegen Datenverlust bieten.[43] Dieser Aspekt ist Bestandteil der Datensicherheit, auf die im nächsten Gliederungs-punkt aus der Sichtweise des Datenaustausches näher eingegangen wird.

2.3.4 Datenaustausch

Diesem Kriterium sollte bei der Auswahl einer Software viel Aufmerksamkeit geschenkt werden, denn es erhöht die Benutzerfreundlichkeit und die Effizienz der Anwendung. Besonders deutlich wird dieser Aspekt, bei der gemeinsamen Nutzung von Kundendaten. Durch die Möglichkeit des Datenaustausches kann der Benutzer Kundendaten auf einen Fileserver stellen, die dann von allen Mitarbeitern des Unternehmens bearbeitet werden können. Um solch einen Datenaustausch zu ermöglichen, muss die Bürosoftware netzwerk-fähig sein, damit der gleichzeitige Zugriff von unterschiedlichen Benutzern auf denselben Datensatz verhindert wird. Dadurch wird sichergestellt, dass ein weiterer Benutzer den Datensatz erst bearbeiten kann, wenn der vorherige Benutzer den geänderten Datensatz auf dem Fileserver abgespeichert hat. Mit Hilfe dieses Mechanismus werden Kollisionen beim Abspeichern auf dem Fileserver unterbunden, und ein Überschreiben der Änderung des Datensatzes durch eine andere Änderung ist ausgeschlossen.[44]

Im Zusammenhang mit dem Datenaustausch wird auch oft der Begriff des Zugriffschutzes erwähnt. Unter Berücksichtigung dieses Sicherheitsaspekts soll der Verlust und der Missbrauch von Daten vermieden werden. Achtet der Benutzer bei der Auswahl nicht auf diesen Punkt, dann können betriebliche Geheimnisse gelüftet, fiktive Verträge abgeschlossen oder

---

[42] Vgl. Willis, Jerry / Miller, Merl (1985), S. 153.
[43] Vgl. Heinemann, Klaus (1987), S. 125 f.
[44] Vgl. Röttgen, Hubertus A. (1992), S. 159.

Kontostände verändert werden, so dass negative Auswirkungen auf die finanzielle Situation eines Unternehmens, nicht mehr abzuwenden sind.[45] Deshalb darf ein unautorisierter Zugriff auf die Daten im Netzwerk oder auf dem Rechner nicht möglich sein. Das bedeutet, dass der Zugriff muss durch Maßnahmen unterbunden werden muss, die den Benutzer bei der Erledigung seiner Arbeit nicht einschränken dürfen. Es gibt verschiedene Varianten, um den unerlaubten Zugriff auf Daten zu verhindern. Die bekannteste Maßnahme ist die Eingabe eines Passwortes. Kann der Benutzer nicht mindestens ein sechsstelliges Passwort eingeben, dann sollte die Bürosoftware nicht ausgewählt werden.[46] Weitere Schutzvorkehrungen, wie zum Beispiel Benutzeridentifikationen, Freigabeberechtigungen oder das Verschlüsseln von Daten, sind sinnvoll, können aber nie eine hundertprozentige Sicherheit bieten, weil es immer zwei Arten von Personen gibt.

Zum einen die Benutzer, die sehr unvorsichtig agieren und zum Beispiel ihre Passwörter am Arbeitsplatz oder hinter der Monitorklappe verstecken.

Zum anderen die Personen, die sich oft illegal über Sicherheitsmaßnahmen hinwegsetzen und immer wieder eine Möglichkeit finden, um an die gewünschten Daten zu gelangen.[47]

2.4 Servicekriterien und Zusatzleistungen

2.4.1 Serviceleistungen

Neben den wirtschaftlichen und systemtechnischen Kriterien sollte der Benutzer bei der Auswahl der Bürosoftware den Serviceleistungen einen sehr hohen Stellenwert zuordnen, damit er bei möglichen Fragen und Problemen nicht auf die benötigte Unterstützung verzichten muss. Deshalb gibt dieses Kapitel eine Zusammenfassung über die in den Augen des Verfassers wichtigsten Serviceleistungen, die durch folgende Definition charakterisiert werden. „Serviceleistungen sind sämtliche immateriellen, die Primärleistung unterstützenden oder eigenständigen Leistungen, die den Kundennutzen steigern sollen."[48]

Bevor der Kunde die Software erwirbt, sollte er darauf achten, dass der Softwareanbieter mit einer guten Beratungsleistung überzeugen kann, um im Vorfeld Fragen zur Software und deren Integration in das Unternehmen zu klären. Eine gute Beratungsleistung wird durch eine ständig verfügbare Hotline, aber auch durch die Demonstration der Bürosoftware komplettiert, so dass der Käufer einen ersten Eindruck über das Programm erhält. Bei der Demonstration des Softwarepaketes muss der zukünftige Anwender eine gewisse Skepsis bewahren, da der Softwareanbieter versuchen wird, Defizite des Programms zu überspielen. Um diesen Aspekt vorzubeugen, bieten gute Softwarefirmen kostenlose Probeinstallationen an. Dadurch kann der

---

[45] Vgl. Becker, Jörg (1992), S. 280 ff.
[46] Vgl. Hampe-Neteler, Wolfgang (1994), S. 35.
[47] Vgl. Becker, Jörg (1992), S. 283.
[48] Bruhn, Manfred (2001), S. 152.

13

Kunde die Software für ungefähr 30 Tage testen und feststellen, ob alle Anwendungen funktionieren und seinen Erwartungen entsprechen.[49]

Außerdem sollte sich der Benutzer im Vorfeld der Auswahl einen Überblick von den Zahlungs-, Liefer- und Garantiebedingungen verschaffen. Dabei müssen zum Beispiel folgende Aspekte geklärt werden.

- Ist eine Finanzierung des Bürosoftwarepakets möglich?

- Wird das Softwarepaket vom Softwareanbieter installiert, so dass der das funktionsfähige Programm sofort verwenden kann?

- Was für Garantieansprüche hat der Käufer?[50]
Zudem sollte der Softwareanbieter nach der Softwareinstallation für eine konfliktfreie Nutzung des Programms sorgen. Dabei dürfen die Wartungstätigkeiten nicht nur die Fehlerbeseitigung umfassen, sondern auch die Weiterentwicklung der Bürosoftware, die durch einen modularen Aufbau der Software erheblich unterstützt wird. Der Anwender ist dadurch in der Lage, einzelne Anwendungen der Bürosoftware gegen eine verbesserte Version auszutauschen, ohne das er das komplette Softwarepaket auswechseln muss.[51]

Ein gut abgestimmtes EDV-Paket stellt für den Anwender keine optimale Lösung dar, solange er nicht fähig ist, alle Funktionen und Möglichkeiten zu nutzen. Dessen sind sich viele Softwareanbieter bewusst und bieten deshalb Schulungsleistungen an, die in zwei Arten unterschieden werden. Die erste Schulungsart ist die Einführungsschulung, die beim Anwender angeboten wird und eine individuelle, grundlegende Bedienung der Bürosoftware vermitteln soll. Auf der anderen Seite werden externe Schulungen angeboten. An diesen Schulungen nehmen Anwender aus unterschiedlichen Unternehmen teil, die das gleiche Softwarepaket benutzen. Die externe Schulung dient zur Auffrischung der Grundlagen. Außerdem werden spezielle Anwendungsmöglichkeiten erläutert, um das komplette Potential der Software auszuschöpfen.[52]

2.4.2 Dokumentation

Obwohl der Benutzer einen Einführungskurs über die Bürosoftware besucht hat, ist es möglich, dass er zu einem späteren Zeitpunkt auf Probleme stößt, die ihm bisher noch nicht bekannt waren. Um diese Probleme selbstständig lösen zu können, bedarf es einer

---

[49] Vgl. Grupp, Bruno (1991), S. 137 ff.
[50] Vgl. Becker, Jörg (1992), S. 216 f.
[51] Vgl. Grupp, Bruno (1991), S. 93 f.
[52] Vgl. Baaken, Thomas / Launen, Michael (1993), S. 60.

guten und vollständigen Dokumentation. Verfügt ein Softwarepaket nicht über dieses ausschlaggebende Kriterium, dann sollte bei der Auswahl die Software nicht in Betracht gezogen werden.[53]

Die Dokumentation der Bürosoftware erfolgt in Form von Handbüchern, deren Qualität und Umfang eine Möglichkeit zur Beurteilung der Software bieten. Bei genauerer Betrachtung der Handbücher kristallisieren sich drei unterschiedliche Arten heraus. Die erste Art wird als Systemhandbücher bezeichnet, die wichtige Wartungsinformationen zur Verfügung stellen. Eine weitere Art sind die Bedienerhandbücher, die Informationen zur Datenverarbeitung beinhalten. Die dritte Kategorie umfasst schließlich die Benutzerhandbücher, die dem Anwender den Umgang mit der Software näher bringen sollen, indem zum Beispiel die einzelnen Funktionen genauer verdeutlicht werden.

Bei der Auswahl der Software ist darauf zu achten, dass die Handbücher nicht nur richtig und vollständig sind, sondern auch den qualitativen Ansprüchen gerecht werden.
Bedingt durch die Qualitätsansprüche, muss ein Handbuch durch eine klare Struktur und einen guten Aufbau überzeugen, so dass der Text der Dokumentation gut nachvollziehbar ist.[54]
Das bedeutet, dass die Dokumentationsunterlagen nicht in einer fremden Sprache abgefasst und Illustrationen und Beispiele zur besseren Verständlichkeit des Textes eingesetzt werden.[55]

Erfüllen die Handbücher diese Anforderungen nicht oder führen Defizite der Dokumentation zu reinen Verständnisfragen, dann entsteht dem Benutzer ein Mehraufwand an Kosten für zusätzliche Beratungsleistungen, die jedoch bei sorgfältiger Softwareauswahl vermeidbar sind.[56]

3. Auswahlverfahren

3.1 Grundsatzentscheidungen

3.1.1 Redesign-Beschaffungsentscheidung

Dieses Verfahren ist für Benutzer interessant, die ein altes Bürosoftwarepaket verwenden.
Bei der Nutzung eines alten Anwendungsprogramms kann es bei der Bewältigung von speziellen Aufgaben schnell zu Problemen kommen. Daher besteht immer öfter der Bedarf nach Erweiterungswünschen. Der Benutzer muss sich an dieser Stelle zwischen zwei Alternativen entscheiden. Zum einen besteht die Möglichkeit, die veraltete Anwendung des

---

[53] Vgl. Hampe-Neteler, Wolfgang (1994), S. 12.
[54] Vgl. Baaken, Thomas / Launen, Michael (1993), S. 58 ff.
[55] Vgl. Grupp, Bruno (1991), S. 95 f.
[56] Vgl. Baaken, Thomas / Launen, Michael (1993), S. 133.

Bürosoftwarepakets weiterzuentwickeln. Zum anderen kann sich eine Redesignentscheidung als wesentlich wirtschaftlicher erweisen.[57] Besonders deutlich wird dieser Aspekt, wenn davon ausgegangen wird, dass siebzig Prozent des gesamten Softwarebudgets nur für die Weiterentwicklung verwendet werden, die möglicherweise die Erwartungen des Benutzers nur teilweise erfüllen kann.[58]

Entscheidet sich der Benutzer für ein Redesign, dann wird die veraltete Anwendung des Softwarepakets komplett überarbeitet, so dass es in allen Belangen den gewünschten Anforderungen und Kriterien des Benutzers entspricht. Besonders bei Änderungen, die einen zu hohen Testbedarf erfordern, oder bei Programmen, die durch zahlreiche Erweiterungen an Übersichtlichkeit verlieren, ist ein Redesign wirtschaftlicher als eine Weiterentwicklung. Das Redesignverfahren bedeutet zwar einen höheren Aufwand für den Benutzer, aber es ist mit wesentlichen Vorteilen gegenüber einer Weiterentwicklung verbunden. Diese Vorteile äußern sich beispielsweise in einem geringeren Wartungsaufwand für alte Aufwendungen, in einer verbesserten Softwarequalität und in einer effizienteren Nutzung der Bürosoftware.[59]

3.1.2 Standard- oder Individualsoftware

Nach der Problematik Weiterentwicklung oder Redesign, möchte der Verfasser in diesem Abschnitt die Grundsatzentscheidung Standard- oder Individualsoftware genauer erläutern. Bevor dieser Aspekt geklärt werden kann, muss sich der zukünftige Benutzer Gedanken über den Einsatzzweck der Bürosoftware machen. Danach sollte er abwägen, ob die zu bewältigenden Aufgaben so speziell sind, dass der Individualsoftware gegenüber der Standardsoftware der Vortritt gelassen werden sollte. Jedoch reicht in den meisten Fällen der Einsatz von Standardsoftware aus, denn gerade im Bereich der Bürosysteme existiert ein sehr großes Angebot.[60] Über 95 % aller Standardsoftwarepakete unterstützen die Büroarbeit und können die vorhandenen Aufgabengebiete abdecken.

Der wesentliche Vorteil der Individualsoftware besteht darin, dass die Software genau auf die Büroaufgaben zugeschnitten ist, da der zukünftige Benutzer vor der Softwareentwicklung die geforderten Funktionen festlegt. Als Resultat sind die Anwendungen entsprechend der Betriebsstruktur gestaltet und nicht umgekehrt. Dadurch bleiben funktionierende Arbeitsabläufe im Unternehmen erhalten und uneffektive Vorgänge werden verbessert. Dieser Vorteil gerät aber sehr schnell in den Hintergrund, sobald der Kostenfaktor angesprochen wird. Die Standardsoftware ist deutlich billiger als die Individualsoftware, weil sie im Gegensatz zur individuellen Software in großen Mengen produziert wird.[61]

---

[57] Vgl. Becker, Jörg (1992), S. 161.
[58] Vgl. Baaken, Thomas / Launen, Michael (1993), S. 136.
[59] Vgl. Becker, Jörg (1992), S. 162 ff.
[60] Vgl. Koch, Manfred et al. (1991), S. 167.
[61] Vgl. Röttgen, Hubertus A. (1992), S. 45 ff.

Neben dem Kostenfaktor gibt es noch weitere Aspekte, die dafür sorgen, dass die Akzeptanz der Standardsoftware zunimmt. Viele Standardsoftwareprodukte verfügen heutzutage nicht nur über eine große Anzahl von Funktionen, sondern beinhalten die Möglichkeit der individuellen Benutzerprogrammierung. Dadurch ist der Benutzer in der Lage, flexibel auf spezielle Aufgaben zu reagieren, da nicht nur die vom Hersteller vorgegebenen Leistungen zur Verfügung stehen. Das bedeutet, dass der Anwender die vorhandenen Funktionen individuell anpassen kann, um auch bei speziellen Bedürfnissen und Aufgaben erfolgreich agieren zu können. Ein weiterer Pluspunkt der Standardsoftware besteht darin, dass sie sofort beschafft und eingesetzt werden kann, ohne dass der Benutzer auf die Fertigstellung der Software warten muss. Auf dieser Basis hat der künftige Anwender auch vor dem Kauf die Option des Testens, die bei der Individualsoftware nicht gegeben ist.[62]

Um diese Grundsatzentscheidungen zu unterstützen, möchte der Verfasser auf den nächsten Seiten weitere Verfahren erläutern. Sie ermöglichen einen guten Vergleich der einzelnen Investitionsalternativen, indem die Bürosoftware im Hinblick auf die erforderlichen Kriterien untersucht wird.

3.2 Verfahren zur Wirtschaftlichkeitsprüfung

3.2.1 Investitionsrechnung

Wie bereits im Abschnitt wirtschaftliche Kriterien erläutert, erweist sich der Auswahlvorgang als sehr schwierig. Die durch die Software verursachten Kosten lassen sich zwar durch das Rechnungswesen ermitteln, aber die Einsparungen sind nur durch die bewirkten Ergebnisse zu erfassen. An dieser Stelle liegt das eigentliche Problem, da diese Ergebnisse erst in der Zukunft nach der Installation eintreten und vorab nicht direkt messbar sind. Deshalb ist es nicht möglich, anhand einer einzigen Wirtschaftlichkeitszahl eine genaue Entscheidung zu treffen, sondern es muss eine detaillierte Untersuchung der Kostenstruktur gegenüber der Investition erfolgen. Um dieser Anforderung gerecht zu werden, ist es zumindest notwendig, die folgenden drei wirtschaftliche Größen zu berechnen.

Das erste notwendige Kriterium ist die Amortisation des gebundenen Kapitals. Durch die Berechnung dieser Größe ist der zukünftige Anwender in der Lage, das mit der Investition verbundene Risiko zu beurteilen.[63] Bei der Auswertung der Amortisationszeit sollte sich der zukünftige Benutzer an die Regel halten, dass je geringer die Amortisationszeit ist, desto kürzer ist das Kapital in die Investition gebunden, desto geringer ist das Risiko und die Gefahr von Verlusten. Deshalb ist aus der Sicht der Amortisationsrechnung, die Bürosoftwareinvestition mit der geringsten Amortisationszeit auszuwählen.[64] Nachteilig auf die Aussagekraft der Amortisation wirkt sich aus, dass keine Aussagen zur Rentabilität getroffen werden können.

---

[62] Vgl. Koch, Manfred et al. (1991), S. 11 f.
[63] Vgl. Becker, Jörg (1992), S. 292 ff.
[64] Vgl. Hofmann, Diether (1993), S. 34.

Daher ist eine Berechnung dieser zweiten wirtschaftlichen Größe erforderlich. Sie dient zur Ermittlung der durchschnittlichen Verzinsung des investierten Kapitals. Bei der Bewertung der Rentabilität, ist die Investition mit der größten positiven Verzinsung vorzuziehen. Mit Hilfe der Rentabilitätsberechnung besteht zwar die Möglichkeit des direkten Vergleichs von unterschiedlichen Investitionen, aber es handelt sich dabei nur um einen kurzfristigen Vergleich, da die Kosten und Einsparungen nicht über die gesamte Nutzungsdauer der Bürosoftware erfasst werden. Aufgrund dieses Nachteils muss zur besseren Beurteilung der Investition eine dritte wirtschaftliche Größe herangezogen werden, und zwar der interne Zinsfuß. Er berücksichtigt die unterschiedliche zeitliche Verteilung der Einsparungen, so dass eine gute Bewertungsgrundlage geschaffen wird. Mit dem internen Zinsfuß wird die real erreichbare Rentabilität der Investition in die Bürosoftware gemessen, wobei die Zinseszinsen, die während der Nutzung entstehen, beachtet werden. Nachdem für jede Investition ein interner Zinsfuß berechnet wurde, ist die Investition mit dem größten positiven Wert zu wählen. Der Nachteil dieser wirtschaftlichen Größe besteht darin, dass nur die Beurteilung von Investitionen mit gleicher Nutzungsdauer und Anschaffungskosten zu einem korrekten Resultat führt. Zur Ergänzung der Untersuchung, die auf den drei beschriebenen wirtschaftlichen Größen basiert, können noch weitere Verfahren der Investitionsrechnung, wie zum Beispiel die Kosten- und die Gewinnvergleichsrechnung in Betracht gezogen werden.

Dabei muss jedoch die jeweilige Investitionsrechnung kritisch betrachtet werden, da ansonsten durch die Nachteile der Bewertungsmethode, eine falsche Entscheidungsgrundlage vorliegt.

Weiterhin bedarf es verschiedener Verfahren, um zukünftige Einsparungen, die auch in der Investitionsrechnung berücksichtigt werden, so exakt wie möglich abzuschätzen. Es ist zum Beispiel durch eine pessimistische Schätzung der Einsparungen möglich, pessimistische Szenarien zu erzeugen, die zur Erhöhung der Investitionssicherheit beitragen. Eine Erweiterung dieser Methode ist die zusätzliche optimistische Schätzung der Einsparungen, die der Untersuchung von optimistischen Szenarien dient. Durch dieses Verfahren ergibt sich ein Rahmen, der durch die jeweils geringste und höchste Einsparungsmöglichkeit begrenzt wird, so dass als Resultat eine Schwankungsbreite verdeutlicht wird, in der sich die zukünftige Höhe der Einsparung bewegen wird. Eine weitere Alternative zur besseren Beurteilung der Bürosoftware bietet die Wahrscheinlichkeitsrechnung. Sie gibt an, mit welcher Wahrscheinlichkeit die verschiedenen Einsparungen eintreten, und welche Werte erwartet werden können.[65]

3.2.2 Kosten-Nutzen-Analyse

Neben diesen Methoden ist der Einsatz eines Kosten-Nutzen-Bewertungsverfahrens sehr empfehlenswert, denn es bietet eine Entscheidungsgrundlage darüber, ob verschiedene Investitionsalternativen überhaupt durchsetzbar sind. Besonders gut eignet sich die Kosten-

---

[65] Vgl. Becker, Jörg (1992), S. 297 ff.

Nutzen-Analyse bei beschränkten finanziellen Mitteln, weil sie verdeutlicht, welche angestrebte Bürosoftwareinvestition als sinnvoll angesehen werden kann.[66] Um eine Kosten-Nutzen-Relation zu ermitteln, ist es wichtig, die Kostenkriterien von den übrigen Auswahlkriterien zu isolieren. Im zweiten Schritt werden den übrigen Auswahlkriterien Gewichtstufen in Form von prozentualen Angaben zugeordnet, die in der Summe für jede Kriterienart 100 Prozent ergeben müssen. Anschließend erfolgt eine Benotung dieser einzelnen Kriterien für jede Beschaffungs-alternative mit Werten von Null bis Zehn. Dabei spiegeln die Noten die Wichtigkeit des Kriteriums wieder, wobei die Note Null ein sehr unwichtiges und die Note Zehn ein sehr wichtiges Kriterium repräsentiert. Aus der Gewichtsstufe und der vergebenen Note wird im vierten Schritt für alle nicht-kostenbezogene Auswahlkriterien eine Bewertungsziffer errechnet. Diese werden im Anschluss innerhalb der Spalte zu einer Gesamtbewertungsziffer addiert.

Der zweite Teil des Kosten-Nutzen-Bewertungsverfahrens besteht aus der Erfassung der einzelnen jährlichen Kostenarten der jeweiligen Beschaffungsalternative. Danach werden zur Berechnung der Gesamtkosten diese verschiedenen Kostenarten addiert. Schließlich wird für jede in Frage kommende Bürosoftware die Kosten-Nutzen-Relation durch Division aus den jährlichen Gesamtkosten und der dazugehörigen Gesamtbewertungsziffer ermittelt, so dass die Beschaffungsalternative mit dem niedrigsten Preis-/ Leistungsverhältnis auszuwählen ist.

3.3 Ergänzende Verfahren

Zusätzlich ist eine Erweiterung der Kosten-Nutzen-Analyse um das Cost-value-Bewertungs-verfahren möglich. Der Unterschied zur Kosten-Nutzen-Analyse besteht darin, dass die nicht-kostenbezogenen Auswahlkriterien festgelegte Mindestanforderungen, sogenannte KO-Kriterien, übersteigen müssen, damit sie in der Bewertung berücksichtigt werden. In der Bewertungsphase wird den Auswahlkriterien, die eine Mindestanforderung erfüllen, ein Geldwert (cost-value) zugeordnet. Dieser Wert hängt von der Differenz ab, um die das Auswahlkriterium die Mindestanforderung übersteigt. Je größer die Differenz ist, desto größer ist der Vorteil für den zukünftigen Benutzer, desto größer fällt der zugewiesene Geldwert aus.

Im Anschluss wird die Summe der zugewiesenen Geldwerte von den Gesamtkosten der dazugehörigen Beschaffungsalternative abgezogen, so dass sich als Ergebnis der Preis für die Mindestanforderungen ergibt. Bei der darauffolgenden Auswertung wird die Beschaffungs-alternative mit dem kleinsten Preis für die Mindestanforderungen gewählt, da es sich dabei um die wirtschaftlichste Bürosoftware dieses Verfahrens handelt.[67]

Außerdem sollte das Verfahren der Nutzwertanalyse herangezogen werden, um nicht quantifizierbare Auswahlkriterien durch eine transparente Darstellung ihrer Nutzenbeiträge besser beurteilen zu können. Dabei erfolgt die Vorgehensweise zur Ermittlung dieser Beiträge

---

[66] Vgl. Mishan, E. J. (1975), S. 9.
[67] Vgl. Becker, Jörg (1992), S. 202 ff.

analog dem ersten Teil der Kosten-Nutzen Analyse. Der Unterschied in der Herangehensweise der beiden Verfahren besteht darin, dass bei der Nutzwertanalyse nur Auswahlkriterien erfasst werden, die sich nicht monetär bewerten lassen. Zudem entspricht die Gesamtbewertungsziffer der Kosten-Nutzen-Analyse dem Gesamtnutzen der Nutzwertanalyse, der als Beurteilungs-maßstab für die Beschaffungsalternativen verwendet wird. Bevor die Bürosoftware mit dem höchsten Gesamtnutzen ausgewählt wird, muss eine Sensibilitätsanalyse mit zum Beispiel verschiedenen Zielgewichtungen durchgeführt werden, da ansonsten der subjektive Charakter der Nutzwertanalyse eine nachteilige Auswirkung auf die Entscheidung hat.[68]

Zum Schluss dieses Kapitels möchte der Verfasser ein sehr modernes Verfahren erwähnen, das in der Computerbranche als Benchmark bezeichnet wird. Charakteristisch für dieses Auswahlverfahren ist der Einsatz von Programmen, die zur Messung und Prüfung des Leistungsverhaltens dienen. Ein besonderer Vorteil des Benchmark-Tests ist, dass die Leistungsfähigkeit der Bürosoftware im Zusammenhang mit einer individuellen Hardware-zusammenstellung beurteilt wird, so dass im Gegensatz zu anderen Verfahren sehr detaillierte Informationen und Kontrolldaten erfassbar sind. Daher bietet dieses Verfahren eine hervorragende Möglichkeit, um zielgenaue und problemorientierte Entscheidungen zu treffen, damit die zukünftige Bürosoftware zur Lösung der Anwenderprobleme beiträgt.[69]

4. Schluss

In dieser Hausarbeit wurden verschiedene Kriterien und Verfahren zur Auswahl von Bürosoftware betrachtet, um die schwierige Investitionsentscheidung transparenter zu gestalten. Es erwies sich im Vorfeld als unmöglich, alle Kriterien und Verfahren, in dieser Hausarbeit zu erfassen, da die Anforderungen und die Möglichkeiten zur Beurteilung des Softwareprodukts sehr vielfältig sind. Deshalb beschränkte sich der Verfasser auf die seiner Meinung nach wichtigsten Kriterien und Verfahren, ohne dabei das Ziel zu verlieren, dem zukünftigen Anwender einen grundsätzlichen Überblick, zur Bildung einer geeigneten Entscheidungsbasis zu verschaffen.

Im Zusammenhang mit den Ausführungen dieser Hausarbeit, kristallisierten sich weitere wichtige Aspekte heraus. Zum einen, dass die Umstellung von manuellen Abläufen auf eine Bürosoftware-Lösung mit einer tiefgreifenden organisatorischen Veränderung verbunden ist. Daher muss eine Investitionsentscheidung immer mit Hilfe einer Kosten-Nutzen-Analyse überprüft werden, um die Veränderung von betrieblichen Abläufen durch wirtschaftliche Vorteile zu rechtfertigen. [70] Zum anderen wurde erkennbar, dass die Ergebnisse eines einzelnen Auswahlverfahrens keine ausreichende Beurteilungsgrundlage für den sehr komplizierten und schwierigen Entscheidungsprozess liefern. Deshalb sind besonders im Hinblick auf die schwer

---

[68] Vgl. Becker, Jörg (1992), S. 329 f.
[69] Vgl. Baaken, Thomas / Launen, Michael (1993), S. 171.
[70] Vgl. Becker, Jörg (1992), S. 5.

quantifizierbaren Einsparungen weitere Verfahren zu verwenden, um ihren Nutzen messen zu können.

Weiterhin bedarf die Ausarbeitung der Anforderungen an das Bürosoftwarepaket und die Entscheidung über einzusetzende Verfahren einer langfristigen und gründlichen Planung. Diese Herangehensweise erfordert zwar einen hohen Aufwand und viel Mühe, ist aber bei der Auswahl einer aus Sicht des Benutzers wirtschaftlichen Bürosoftware eine nicht zu vernachlässigende Notwendigkeit. Darüber hinaus muss bei einer Investition in ein Bürosoftwarepaket beachtet werden, dass oftmals vielen Mitarbeitern eines Unternehmens die Erfahrung im Umgang mit neu eingeführten Bürosoftwarepaketen fehlt, so dass durch die Einführung eines Softwareprodukts die Entstehung von Schulungskosten nicht zu vermeiden ist. Deshalb sollte sich der zukünftige Anwender bewusst sein, dass bei der Einführung einer Bürosoftware nicht nur Anschaffungskosten entstehen, sondern noch weitere Kosten anfallen können, die in dieser Hausarbeit als Folge- und laufende Kosten bezeichnet werden.

Beachtet der zukünftige Benutzer alle Hinweise und Regeln, die in dieser Ausarbeitung erklärt werden, und bereitet er im Vorfeld den schwierigen Entscheidungsprozess gründlich vor, dann steht einem erfolgreichem Einsatz der Bürosoftware nichts mehr im Weg.

Literaturverzeichnis

Baaken, Thomas / Launen, Michael (1993): Software-Marketing, München 1993.

Barfuss, Dietmar / Jungermann, Bernhard (Hrsg.) (1991): Der EDV-Leitfaden: eine Orientierungshilfe für Klein- und Mittelbetriebe, Berlin / Offenbach 1991.

Becker, Jörg (1992): Beck-Wirtschaftsberater: Leitfaden zur Hardware- und Softwarebeschaffung, München 1992.

Bruhn, Manfred (2001): Marketing: Grundlagen für Studium und Praxis, 5. überarbeitete Auflage, Wiesbaden 2001.

Dumke, Reiner / Rombach, Dieter (Hrsg.) (2002): Software-Messung und -Bewertung, Wiesbaden 2002.

Ehrenberger, Wolfgang (2002): Software-Verifikation: Verfahren für den Zuverlässigkeitsnachweis von Software, München / Wien 2002.

Gisbert, Ralf / Mattes, Andreas (1987): Personal Computer im Büro: Arbeitsweise, Kommunikationsfähigkeit, Auswahlkriterien, Berlin / München 1987.

Grupp, Bruno (1991): EDV-Pflichtenheft zur Hardware- und Softwareauswahl: Praktische Anleitung auch für Mittel- und Kleinbetriebe mit vier ausführlichen Praxisbeispielen, 2. überarbeitete und aktualisierte Auflage, Köln 1991.

Hampe-Neteler, Wolfgang (1994): Software auf dem Prüfstand: Abschlusskriterien zur ergonomischen Prüfung von Büro-Software, Köln 1994.

Heinemann, Klaus (1987): Software-Wartung, Münster 1987.

Herczeg, Michael (1994): Software-Ergonomie: Grundlagen der Mensch-Computer-Kommunikation, Bonn / Paris 1994.

Hofmann, Diether (1993): Planung und Durchführung von Investitionen, Wiesbaden 1993.

Koch, Manfred et al. (1991): Software-Ergonomie: Gestaltung von EDV-Systemen – Kriterien, Methoden und Werkzeuge, Wien 1991.

Liggesmeyer, Peter (2002): Software-Qualität: Testen, Analysieren und Verifizieren von Software, Heidelberg / Berlin 2002.

Mishan, E. J. (1975): Grundlagen der Kosten-Nutzen-Analyse, Frankfurt am Main 1975.

Röttgen, Hubertus A. (1992): Der PC in Büro und Betrieb: Hard- und Software, lokale Netze, Sicherheit und Ergonomie, Frankfurt am Main 1992.

Thaller, Georg Erwin (2002): Software-Test: Verifikation und Validation, 2. aktualisierte und erweiterte Auflage, Hannover 2002.

Willis, Jerry / Miller, Merl (1985): Computertechnik ohne Geheimnisse: Grundbegriffe, Anwendungen, Marktübersicht, Auswahlkriterien, Haar bei München 1985.